Inhalt

Die Einmaleins-Tafel	2
Zahlengitter	4
Die Stellentafel	6
Münzen und Scheine	8
Längen	10
Aufgaben vergleichen (Addition)	12
Aufgaben am Rechenstrich (Addition)	14
Zahlenmauern	16
Aufgaben vergleichen (Subtraktion)	18
Aufgaben am Rechenstrich (Subtraktion)	20
Das Tausenderbuch	22
Würfelnetze	24
Aufgaben vergleichen (Multiplikation)	26
Malaufgaben vergleichen	28
Das Zehnereinmaleins	30
Malkreuz	32
Mit Ziffern schriftlich addieren	34
Gewichte: Kilogramm und Gramm	36
Plustabellen mit Lücken	38
Umkehrzahlen	40
Tabellen und Skizzen	42
Seitenansichten von Würfelgebäuden	44
Rechenketten	46
Zahlenmauern	48
Rechenrätsel	50
Kombinatorik	52
Das habe ich geschafft!	56

Die Einmaleins-Tafel

1 Welche Aufgaben sind gleich? Verbinde die Partneraufgaben.

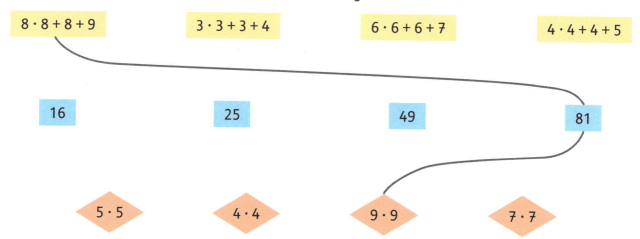

2 Finde die Partneraufgaben von den Quadrataufgaben.

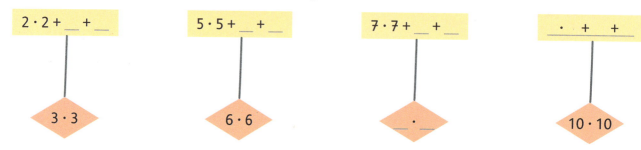

Die Einmaleins-Tafel

3 Wege auf der Einmaleins-Tafel. Rechne und vergleiche die Nachbar-Quadrate.

plus 1 · 3   plus 4 · 1   plus 1 · 8   plus 9 · 1

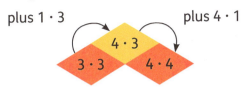 

4 Große Quadrataufgaben. Von einer Quadrataufgabe zur nächsten.

10 · 10 = 100 → + 10 + 11 → 11 · 11 = 121 → + ___ + ___ → 12 · 12 = ___

20 · 20 = 400 → + 20 + 21 → 21 · 21 = ___ → + ___ + ___ → 22 · 22 = ___

25 · 25 = 625 → + 25 + 26 → 26 · 26 = ___ → + ___ + ___ → 27 · 27 = ___

3

Zahlengitter

> 15 − 2 = 13. Also ist die Summe der Pluszahlen 13. Die Zielzahl ist dann 28.

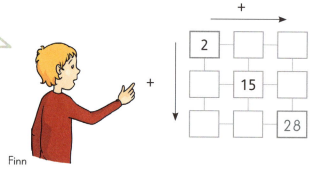

Finn

1 Hat Finn Recht? Probiere.

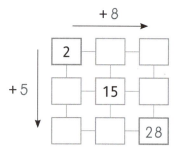 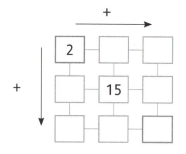 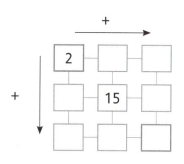

☐ Finn hat Recht, ...   ☐ Finn hat nicht Recht, ...

... weil _____

_____

Zahlengitter

2 Finde alle möglichen Zahlengitter mit der Mittelzahl 17 und der Zielzahl 22.
Verändere immer die Pluszahlen.

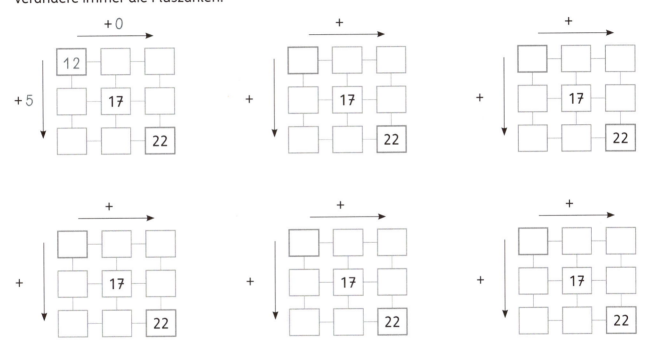

Die Stellentafel

1 Ein Plättchen wird von den Einern zu den Zehner geschoben. Vergleiche die Zahlen.

H	Z	E		H	Z	E		H	Z	E
••	••••••	••• •	253	•••	••	•••• •		•		••
••	••••• •	••		•••	•• •	••••		•	•	•

Was fällt dir auf? Erkläre. _____

_____

2 Ein Plättchen wird von den Zehnern zu den Hundertern geschoben. Probiere mit eigenen Zahlen.

H	Z	E		H	Z	E		H	Z	E

Was fällt dir auf? Erkläre. _____

_____

Die Stellentafel

3 Wer hat Recht? Probiere und erkläre.

Wenn ich eine Zahl mit 3 Plättchen lege, dann ist sie aus der Dreierreihe.

Wenn ich eine Zahl mit 6 Plättchen lege, dann ist sie aus der Sechserreihe.

Wenn ich eine Zahl mit 9 Plättchen lege, dann ist sie aus der Neunerreihe.

Z	E	
	•••	3

Ben

Z	E	
	••••• •	6

Eva

Z	E	
	•••• ••••	9

Eric

Münzen und Scheine

1 Es ist Flohmarkt. Anna muss genau 37,55 Euro bezahlen und hat das Geld nicht passend.

Kreise ein: Welche Münzen und Scheine gibt Anna? Was bekommt sie aus der Kasse zurück?

Anna gibt: | Sie bekommt zurück:

a)

b)

c)

Münzen und Scheine

2 Ben muss genau 63,66 Euro bezahlen.

Beschrifte alle Münzen und Scheine, so dass es stimmt.

Ben gibt: Ben bekommt aus der Kasse zurück:

a)

b)

c)

Längen

1

| 0 | 1 | | | 4 | | | 7 | | | 10 | | 12 | |

Bei diesem sparsamen Lineal sind nur 6 Zentimeterstriche markiert. Trotzdem kannst du damit alle Strecken von 1 bis 12 cm zeichnen. Du darfst für jede Strecke nur einmal anlegen.

Ich zeichne ...

... die Strecke	1 cm	2 cm	3 cm	4 cm	5 cm	6 cm	7 cm	8 cm	9 cm	10 cm	11 cm	12 cm
von	0	10										
bis	1											

2

| 0 | | | 3 | 4 | | | 7 | | | 10 | | 12 | |

Welche Strecken kannst du zeichnen?

Ich zeichne ...

... die Strecke	1 cm	2 cm	3 cm	4 cm	5 cm	6 cm	7 cm	8 cm	9 cm	10 cm	11 cm	12 cm
von												
bis												

Längen

3 Zeichne 4 Zentimeterstriche in das Lineal.

Du kannst nur die Strecken 3 cm, 6 cm, 9 cm und 12 cm zeichnen.

4 Zeichne 4 Zentimeterstriche in das Lineal.

Du kannst nur die Strecken 1 cm, 3 cm, 4 cm, 6 cm, 7 cm und 10 cm zeichnen.

Aufgaben vergleichen (Addition)

1 Drei Aufgaben, eine Summe. Finde passende Aufgaben.

453 +   3 = 456   ____ +   7 = 423
433 + 23 = 456   ____ + 57 = 423
____ + 123 = 456   ____ + 257 = 423

Erkläre. Das Ergebnis bleibt immer gleich, weil _____

_____

_____

2 Drei Aufgaben, immer die Summe 865. Finde passende Aufgaben.

860 +   5   858 +   7   861 + ____   856 + ____   ____ +
830 + 35   818 + ____   791 + ____   786 + ____   ____ +
530 + ____   218 + ____   91 + ____   386 + ____   ____ +

12

Aufgaben vergleichen (Addition)

3 Zwei Aufgaben, eine Summe. Ergänze und finde passende Aufgaben.

546

| 347 + 199 | 527 + 319 | 374 + 298 | 487 + 459 | ___ + |
| 346 + 200 | ___ + 320 | ___ + | ___ + | ___ + |

Erkläre. Die Summe bleibt immer gleich, weil _____

_____

4 Zwei Aufgaben, eine Summe. Ergänze und finde passende Aufgaben.

516

| 347 + 169 | 268 + 327 | 476 + 487 | 565 + 358 | ___ + |
| 400 + 100 + 16 | 500 + 80 + ___ | 800 + ___ + ___ | ___ + ___ + ___ | ___ + ___ + ___ |

5 Drei Aufgaben, eine Summe. Ergänze und finde passende Aufgaben.

348	**719**	_____	_____	_____
125 + 223	253 + 466	386 + 298	379 + 385	___ +
325 + 23	653 + ___	586 + ___	___ + 85	___ +
345 + ___	___ +	___ +	___ +	___ +

13

Aufgaben am Rechenstrich (Addition)

1 Finde immer 3 passende Plusaufgaben zum Rechenstrich.

a)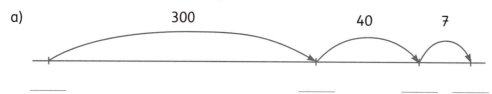

232 + 347 = _____
414 + 347 = _____
166 + 347 = _____

b)

c)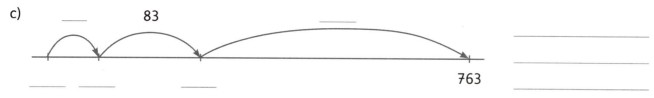

d)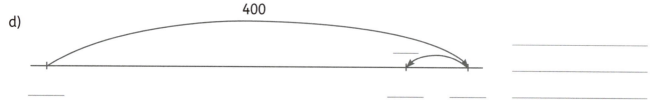

Aufgaben am Rechenstrich (Addition)

2 Finde verschiedene Rechenstriche zur Beschreibung.

a) Ich rechne schrittweise. Erst 7 weiter, dann 65 weiter und dann 200 weiter.

233 + 272 =

_____ + ___ = ___

b) Ich rechne mit einer Hilfsaufgabe. Ich addiere erst 250.

_____ + 248 = ___

_____ + ___ = ___

Zahlenmauern

1

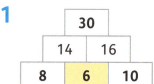

Till

Wenn ich vom Deckstein beide äußeren Grundsteine subtrahiere, dann erhalte ich das Doppelte des mittleren Grundsteins.

Stimmt das immer?

Probiere mit eigenen Zahlen in den Zahlenmauern. Schreibe deine Rechnungen auf.

Erkläre: ☐ Das stimmt immer, …
☐ Das stimmt nicht immer, …

… weil _____

Zahlenmauern

2 Finde die Zahl im mittleren Grundstein. Schreibe deine Rechnungen auf.

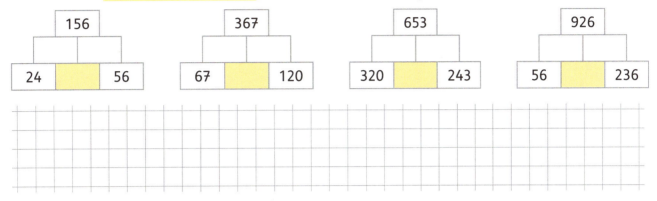

3 Finde für die beiden mittleren Grundsteine Zahlen.

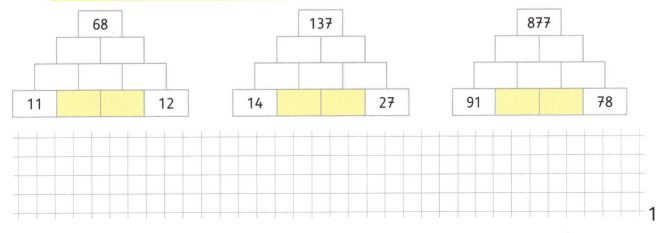

17

Aufgaben vergleichen (Subtraktion)

1 Drei Aufgaben, eine Differenz. Finde passende Aufgaben.

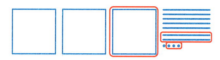   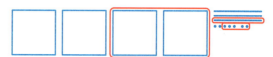

374 − 123 = 251   437 − 215 = ____
274 − 23 = 251   237 − 15 = ____
254 − ____ = 251   227 −   5 = ____

Erkläre. Das Ergebnis bleibt immer gleich, weil _____

_____

_____

2 Drei Aufgaben, eine Differenz. Ergänze und finde passende Aufgaben.

325	**639**	____	**506**	____
329 − 4	647 − 8	725 − ____	____ − ____	____ − ____
339 − 14	677 − ____	____ − ____	____ − ____	____ − ____
539 − ____	977 − ____	____ − 247	____ − 368	____ − ____

Aufgaben vergleichen (Subtraktion)

3 Drei Aufgaben, eine Differenz. Ergänze und finde passende Aufgaben.

290	____	____	____	____
489 − 199	737 − 299	653 − 398	945 −	____ − ____
489 − 200 + 1	737 − ____ +	____ − ____ +	____ − 300 + 3	____ − ____ +
289 + 1	____ + ____	____ + ____	____ + ____	____ + ____

4 126 ____ ____ ____ ____

126	____	____	____	____
375 − 249	674 − 328	734 − 177	752 − ____	____ − ____
375 − 250 + 1	674 − 330 + _	____ − ____ +	____ − 460 + 3	____ − ____ +
125 + 1	____ + ____	____ + ____	____ + ____	____ + ____

5 612 ____ ____ 365 ____

612	____	____	365	____
827 − 215	763 − 429	644 − 276	742 − ____	____ − ____
627 − 15	____ − 29	____ − ____	____ − ____	____ − ____
617 − 5	____ − 9	____ − ____	____ − ____	____ − ____

Aufgaben am Rechenstrich (Subtraktion)

1 Finde immer 3 passende Minusaufgaben zum Rechenstrich.

a)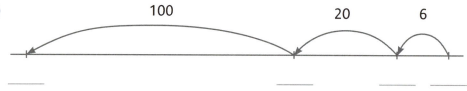

258 − 126 = ___
460 − 126 = ___
343 − 126 = ___

b)

c)

d)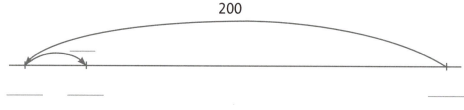

Aufgaben am Rechenstrich (Subtraktion)

2 Finde 2 verschiedene Rechenstriche zur Beschreibung.

a) Ich rechne schrittweise. Erst 32 zurück, dann 43 zurück und dann 200 zurück.

432 − 275 =

− =

b) Ich rechne mit einer Hilfsaufgabe. Ich ziehe erst 300 ab.

− 298 =

− =

21

Das Tausenderbuch

1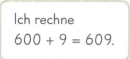

201	202	203	204	205	206	207	208	209	210
211	212	213	214	215	216	217	218	219	220
221	222	223	224	225	226	227	228	229	230
231	232	233	234	235	236	237	238	239	240
241	242	243	244	245	246	247	248	249	250
251	252	253	254	255	256	257	258	259	260
261	262	263	264	265	266	267	268	269	270

Paula: Ich rechne 600 + 9 = 609.

Anton: Ich rechne 3 · 203. Das Ergebnis ist auch 609.

a) Addiere immer 3 aufeinander folgende Zahlen und finde dazu die passende Malaufgabe.

Ergebnis   Malaufgabe

| 202 | 203 | 204 | 609   3 · 203

| 249 | 250 | 251 | ____   _____

Ergebnis   Malaufgabe

| 214 | 215 | 216 | ____   3 · ____

| | | | ____   3 · ____

b) Was fällt dir auf? Erkläre.

_____

_____

Das Tausenderbuch

2 Rechne geschickt mit 5 aufeinander folgenden Zahlen. Finde die Malaufgabe.

| 128 | 129 | 130 | 131 | 132 |

5 · ___ = ___

| 123 | 124 | 125 | 126 | 127 |

5 · ___ = ___

| 198 | 199 | 200 | 201 | 202 |

5 · ___ = ___

| | | | | |

5 · ___ = ___

3 Immer 4 aufeinander folgende Zahlen. Rechne geschickt. Findest du eine Malaufgabe?

| 299 | 300 | 301 | 302 |

___ · ___ = ___

| | | | |

___ · ___ = ___

| | | | |

___ · ___ = ___

Bei 4 Zahlen gibt es keine Mittelzahl.

Anna

Erkläre. _____

4 Finde 3, 4 und 5 aufeinanderfolgende Zahlen mit der Summe 150.

   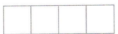   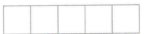

Würfelnetze

1 Immer 2 Würfelnetze sind gleich gefärbt. Verbinde.

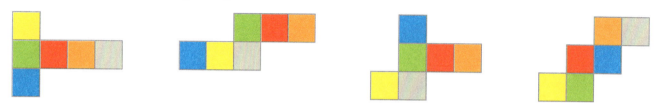

2 Färbe die Seiten immer so, dass derselbe Würfel entsteht.

Würfelnetze

3 Wo sind die blaue und die rote Seite? Zeichne ein.

Aufgaben vergleichen (Multiplikation)

1 Ina und Kim rechnen am Malkreuz.

a) Ina 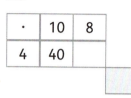 Kim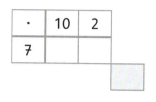

b) Ina 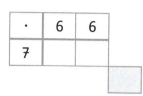 Kim

c) Ina 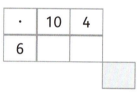 Kim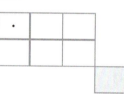

d) Ina 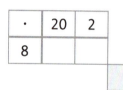 Kim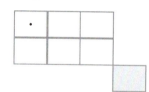

e) Was fällt dir auf? Begründe.

_____

_____

_____

Aufgaben vergleichen (Multiplikation)

2 Überprüfe mit dem Malkreuz.
Rechne wie Ina und Kim.

Mila

3 · 12 hat das gleiche Ergebnis wie das Dreifache von 3 · 4.

a) 3 · 12

wie Ina

wie Kim

b) 4 · 21

wie Ina

wie Kim

c) ☐ Milas Aussage stimmt, ...   ☐ Milas Aussage stimmt nicht, ...

... weil _____

27

Malaufgaben vergleichen

1

| 4 | · | 1 | 0 | = | 4 | 0 | und |
| 8 | · | | 5 | = | 4 | 0 | |

Till

Ich verdopple die erste Zahl und halbiere die zweite Zahl der Malaufgabe.
Dann bleibt das Produkt gleich.

Hat Till Recht? Finde weitere Malaufgaben wie Till.

a) 3 · 12 = ____ und   5 · 8 = ____ und   ____ · ____ = ____ und
    6 · 6 = ____   ____ · ____ =   ____ · ____ =

    ____ · ____ = ____ und   ____ · ____ = ____ und   ____ · ____ = ____ und
    ____ · ____ =   ____ · ____ =   ____ · ____ =

b) ☐ Till hat Recht, …   ☐ Till hat nicht Recht, …

   … weil _____
   _____
   _____

Malaufgaben vergleichen

2 Rechne aus.

a) $3 \cdot 12 =$ _____ und $2 \cdot 24 =$ _____ und $5 \cdot 18 =$ _____ und

$9 \cdot 4 =$ _____ $6 \cdot 8 =$ _____ $15 \cdot 6 =$ _____

b) Was fällt dir auf? Erkläre.

_____

_____

_____

c) Finde weitere passende Aufgabenpaare.

_____ $\cdot$ _____ = _____ und   _____ $\cdot$ _____ = _____ und   _____ $\cdot$ _____ = _____ und

_____ $\cdot$ _____ = _____   _____ $\cdot$ _____ = _____   _____ $\cdot$ _____ = _____

_____ $\cdot$ _____ = _____ und   _____ $\cdot$ _____ = _____ und   _____ $\cdot$ _____ = _____ und

_____ $\cdot$ _____ = _____   _____ $\cdot$ _____ = _____   _____ $\cdot$ _____ = _____

_____ $\cdot$ _____ = _____ und   _____ $\cdot$ _____ = _____ und   _____ $\cdot$ _____ = _____ und

_____ $\cdot$ _____ = _____   _____ $\cdot$ _____ = _____   _____ $\cdot$ _____ = _____

Das Zehnereinmaleins

1 a) Ergänze.

10 · 5 · 6 = _____   50 · 6 = _____   5 · 60 = _____   6 · 5 · 10 = _____

10 · 6 · 5 = _____   60 · 5 = _____   6 · 50 = _____   5 · 6 · 10 = _____

b) Was fällt dir auf? Begründe.

_____

_____

_____

2 Das Produkt ist immer gleich. Finde jeweils die 7 passenden Aufgaben.

10 · 4 · 8 = _____   ___ · ___ = ___   ___ · ___ = ___   ___ · ___ · 10 = ___

10 · ___ · ___ = ___   ___ · ___ = ___   ___ · ___ = ___   ___ · ___ · 10 = ___

10 · 3 · 7 = _____   ___ · ___ = ___   ___ · ___ = ___   ___ · ___ · 10 = ___

10 · ___ · ___ = ___   ___ · ___ = ___   ___ · ___ = ___   ___ · ___ · 10 = ___

Das Zehnereinmaleins

3 Finde immer 4 passende Aufgaben aus dem Zehnereinmaleins.

4

Es gibt auf der Zehnereinmaleins-Tafel mehr Aufgaben mit dem Produkt 400 als mit dem Produkt 480.

Esra

☐ Esra hat Recht, …   ☐ Esra hat nicht Recht, …

… weil _____

_____

_____

31

Malkreuz

1 Rechne die Aufgabenpaare mit dem Malkreuz.

a) 13 · 26 und 16 · 23

·	20	6
10		
3		

·	20	3
10		
6		

b) 14 · 27 und 17 · 24

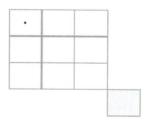

c) 16 · 29 und 19 · 26

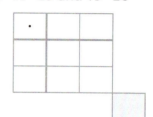

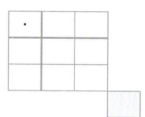

d) Vergleiche die Ergebnisse. Was fällt dir auf? _____

e) Finde den Partner zur Aufgabe 15 · 28. Vermute. Wie groß ist der Unterschied?

15 · 28

_____ · _____   Der Unterschied ist _____ .

32

Malkreuz

2 Finde Aufgabenpaare mit dem Unterschied 10. Überprüfe mit dem Malkreuz.

a) 13 · 24 und ___ · ___   b) ___ · ___ und ___ · ___   c) ___ · ___ und ___ · ___

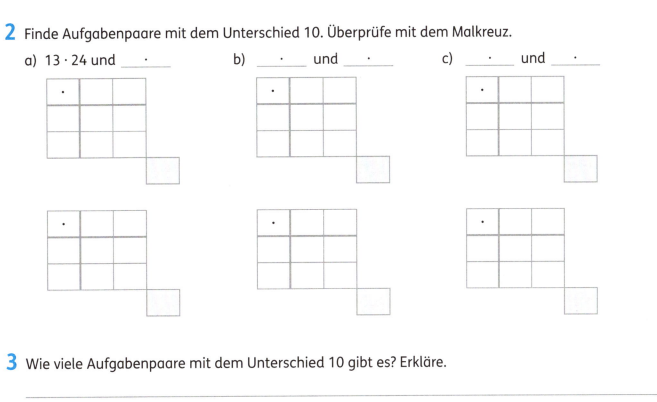

3 Wie viele Aufgabenpaare mit dem Unterschied 10 gibt es? Erkläre.

Mit Ziffern schriftlich addieren

1

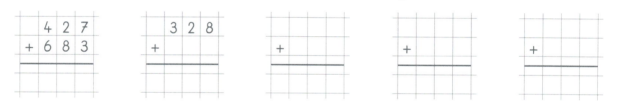

Noah: Ich bilde eine Zahl aus 3 verschiedenen Ziffernkarten.

Mila: Ich ergänze jede Ziffer zu 10 und notiere diese Zahl darunter.

a) Finde Zahlenpaare wie Noah und Mila und addiere sie stellengerecht untereinander.

```
  4 2 7        3 2 8
+ 6 8 3      +
```

b) Was fällt dir auf? Erkläre.

Mit Ziffern schriftlich addieren

2 a) ①②③④⑤⑥

Die Summe ist 615. Lege jede Ziffer von 1 bis 6 für beide Summanden genau einmal. Finde alle Lösungen, es gibt 16 Möglichkeiten.

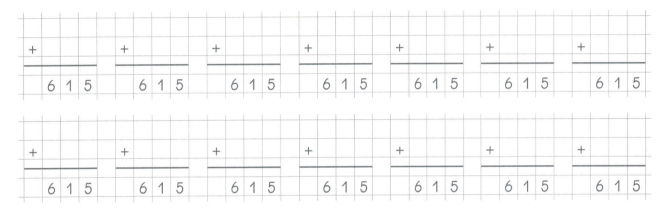

b) Wie gehst du vor? Beschreibe.

Gewichte: Kilogramm und Gramm

1
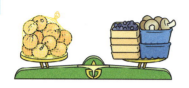  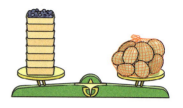

Ein Netz Kartoffeln wiegt 800 g. Wie schwer ist das Netz mit den Zwiebeln?

8 Schalen Blaubeeren wiegen _____ g.

Gewichte: Kilogramm und Gramm

2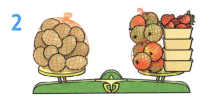

Wie schwer ist ein Sack Kartoffeln?

3

Ein Apfel ist 100 g schwerer als eine Zitrone. Wie viel Kilogramm wiegt ein Sack Möhren?

Plustabellen mit Lücken

1 Finde die fehlenden Zahlen für die Lücken. Die 0 ist nicht erlaubt. Notiere deinen Rechenweg.

a)
+	4	7	12
9	13		
			23
		15	

b)
+			18
3	26		
			27
		25	36

c)
+			
	36		
	47	51	76
15		38	

d)
+		23	
28	65		
		39	
27			53

e)
+			
	14	25	2
	40	51	28
	32	43	20

f)
+			
	35		
	24	2	
	41	19	32

Plustabellen mit Lücken

2 Immer die gleiche Plustabelle, die Summe aller Randzahlen ist immer 45.

a) Finde passende Randzahlen. Finde 4 verschiedene Möglichkeiten.

+	6		
1	7	10	9
16	22	25	24
	11	14	13

+	1		
6	7	10	9
	22	25	24
	11	14	13

+			
	7	10	9
	22	25	24
	11	14	13

+			
	7	10	9
	22	25	24
	11	14	13

b) Finde die fehlenden Möglichkeiten.

Metin

Es gibt insgesamt 8 verschiedene Möglichkeiten für die Randzahlen. Ich achte auf die Zerlegung der 7.

+			
	7	10	9
	22	25	24
	11	14	13

+			
	7	10	9
	22	25	24
	11	14	13

+			
	7	10	9
	22	25	24
	11	14	13

+			
	7	10	9
	22	25	24
	11	14	13

Umkehrzahlen

1 Rechne aus.

```
  5 3 1     9 7 4     5 3 2     9 7 1     9 7 7     8 3 2     9 5 2
- 1 3 5   - 4 7 9   - 2 3 5   - 1 7 9   - 7 7 9   - 2 3 8   - 2 5 9
```

2 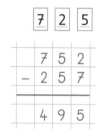 Ich bilde die größte Zahl: 752 — Marta

```
7 2 5

  7 5 2
- 2 5 7
-------
  4 9 5
```

Ich erhalte die Umkehrzahl 257, wenn ich die kleinste Zahl bilde. — Lilly

Rechne wie Marta und Lilly.

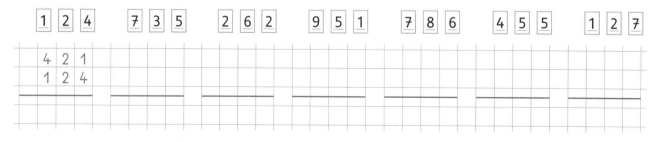

```
1 2 4    7 3 5    2 6 2    9 5 1    7 8 6    4 5 5    1 2 7

  4 2 1
- 1 2 4
```

Umkehrzahlen

3 Begründe. Hat Lilly Recht?

☐ Lilly hat Recht, ...   ☐ Lilly hat nicht Recht, ...

... weil _____

_____

_____

_____

> Bei den Differenzen von Umkehrzahlen ist der Zehner immer eine 9.

Lilly

4

> Bei den Differenzen von Umkehrzahlen gibt es nur ein Ergebnis, das kleiner ist als 100.

Marta

5 Begründe. Hat Marta Recht?

☐ Marta hat Recht, ...   ☐ Marta hat nicht Recht, ...

... weil _____

_____

_____

_____

Tabellen und Skizzen

1 Murat und Ben wohnen 18 km voneinander entfernt. Sie fahren gleichzeitig mit dem Fahrrad los. Murat fährt mit einer Geschwindigkeit von 20 km in der Stunde. Nach einer halben Stunde trifft er Ben.

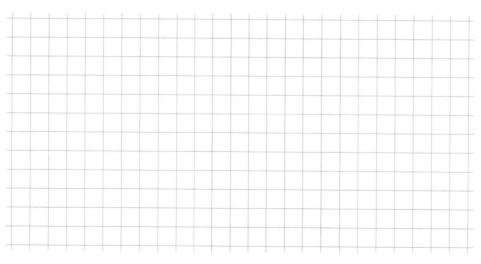

Wie schnell ist Ben gefahren?
Rechne mit einer Tabelle oder Skizze.

Anna

Diese Fragen können dir helfen.

Wie viele Kilometer fährt Murat, bis er Ben trifft?

Wie viele Kilometer fährt Ben, bis er Murat trifft?

Tabellen und Skizzen

2 Lena und Marta fahren gleichzeitig mit dem Fahrrad los. Lena fährt mit einer Geschwindigkeit von 22 km in der Stunde, Marta fährt 24 km in der Stunde. Sie treffen sich nach 90 Minuten. Wie weit wohnen sie voneinander entfernt? Rechne mit einer Tabelle oder Skizze.

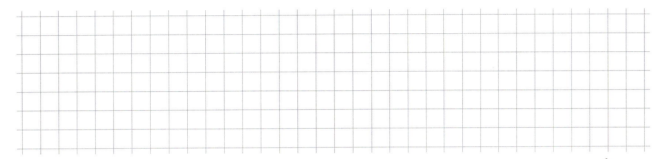

3 Metin und Leo wohnen 26 Kilometer auseinander. Sie fahren gleichzeitig los und treffen sich nach 40 Minuten. Wie schnell sind sie gefahren? Finde verschiedene Lösungen.

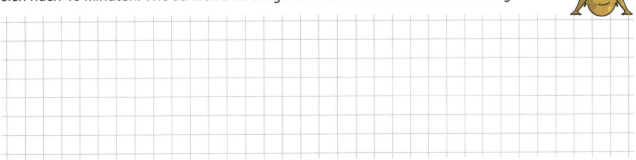

Seitenansichten von Würfelgebäuden

1

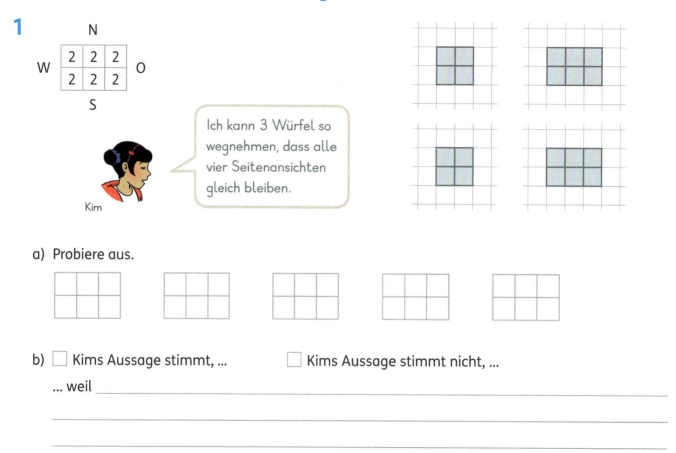

Kim: Ich kann 3 Würfel so wegnehmen, dass alle vier Seitenansichten gleich bleiben.

a) Probiere aus.

b) ☐ Kims Aussage stimmt, ...   ☐ Kims Aussage stimmt nicht, ...

... weil _____

Seitenansichten von Würfelgebäuden

2 Nimm immer 2 Würfel weg.
Alle Seitenansichten sollen gleich bleiben.

vorher
3	3
3	3

nachher
3	2
2	3

a) vorher

3	2	4
	3	

nachher

b) vorher

nachher

3 Finde selbst einen möglichen Bauplan für vorher und nachher.

a) vorher   nachher

b) vorher   nachher

c) vorher   nachher

d) vorher  nachher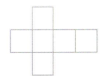

Rechenketten

1 Finde passende Rechenketten und rechne aus.

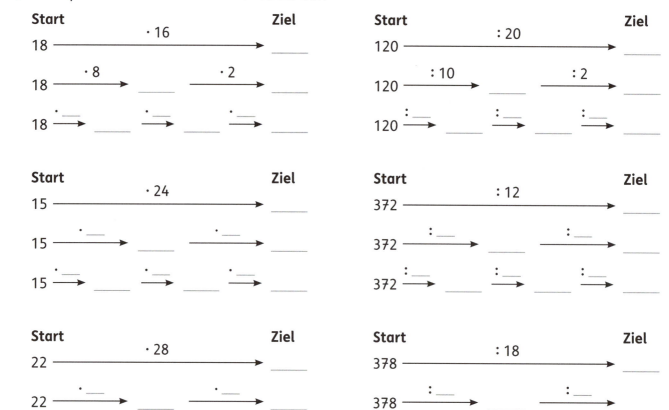

Rechenketten

2 Diese Rechenketten sind nur bei einigen Startzahlen lösbar. Finde mögliche Startzahlen.

a) Wenn ich meine Startzahl erst durch 3 dividiere und das Ergebnis durch 2 dividiere, erhalte ich mein Ergebnis.

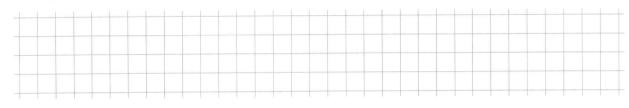

Die Zahlen _____ sind mögliche Startzahlen, weil
_____

b) Wenn ich meine Startzahl erst durch 3 dividiere und das Ergebnis durch 6 dividiere, erhalte ich mein Ergebnis.

Die Zahlen _____ sind mögliche Startzahlen, weil
_____

Zahlenmauern

1 Immer der gleiche Grundstein.

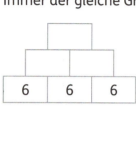 

Der Deckstein ist immer in der Dreierreihe.

Der Deckstein ist immer in der Viererreihe.

Noah

Sophie

Wer hat Recht? Probiere mit eigenen Zahlen und begründe.

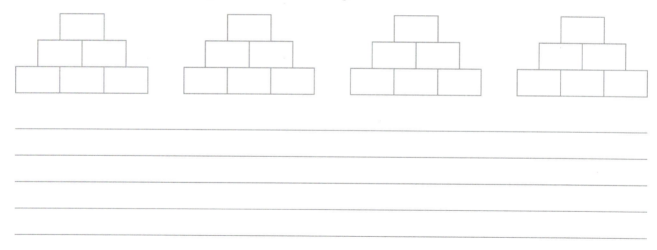

Zahlenmauern

2 Zahlenmauer mit 4 Stockwerken. Immer der gleiche Grundstein.

Wer hat Recht? Probiere mit eigenen Zahlen und begründe.

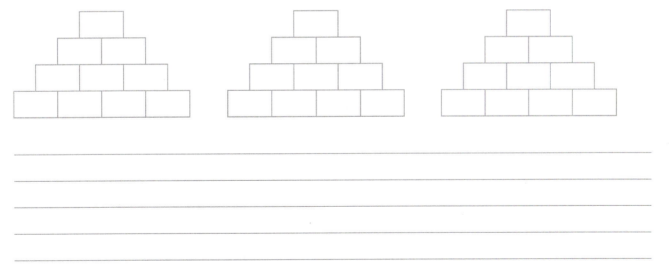

Rechenrätsel

1 Beide Loks starten am Bahnhof und fahren immer im Kreis. Die rote Lok braucht 9 Sekunden, bis sie wieder am Bahnhof ist, die blaue Lok 12 Sekunden. Nach wie vielen Sekunden sind beide Loks zum ersten Mal wieder gleichzeitig am Bahnhof?

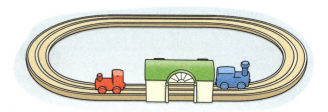

2 Die rote Lok fährt nun schneller und braucht pro Runde 8 Sekunden. Nach wie vielen Sekunden sind beide Loks wieder gleichzeitig am Bahnhof?

Rechenrätsel

3 Zwei unterschiedlich schnelle Loks sind 27 Sekunden nach dem Start wieder gleichzeitig am Bahnhof. Wie viele Sekunden brauchen sie jeweils für eine Runde? Finde alle Möglichkeiten. Beschreibe und begründe.

Kombinatorik

1 **A**yla, **B**en und **C**harly machen ein Wettrennen.

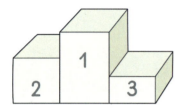

a) Wie könnte das Rennen ausgehen? Finde alle Möglichkeiten.

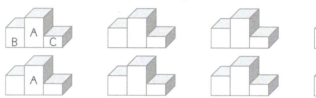

b) Wie viele Möglichkeiten gibt es für die ersten beiden Plätze?

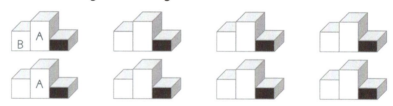

Es müssen immer gleich viele Möglichkeiten sein.

Ben

c) Stimmt das? Erkläre.

Kombinatorik

2 Ein Kind mehr:

Ayla, **B**en, **C**harly und **D**aria

machen ein Wettrennen.

Wie könnte das Rennen jetzt ausgehen?

Wie viele Möglichkeiten gibt es?

1. Platz	2. Platz	3. Platz	4. Platz
A	B	C	D
A	B	D	C

lena

Bei 4 Kindern muss es viermal so viele Möglichkeiten geben wie bei 3 Kindern.

Hat Lena Recht? Überprüfe. ☐ Lena hat Recht. ☐ Lena hat nicht Recht.

A – B – C – D   B –
A – B – D – C

Kombinatorik

1 Ein Fußballturnier. 5 Teams: **A**, **B**, **C**, **D**, **E**.

a) Zwei Teams werden für das erste Spiel ausgelost. Wie viele Möglichkeiten gibt es?

Es gibt ____ Möglichkeiten für das erste Spiel.

b) Jedes Team spielt gegen jedes andere Team.
Wie viele Spiele werden gespielt?

Es werden ____ Spiele gespielt.

Kombinatorik

c) Was fällt dir auf? Erkläre.

d) Hat Ina Recht?

☐ Ina hat Recht, ...

☐ Ina hat nicht Recht, ...

Bei 6 Teams muss es 5 Spiele mehr geben als bei 5 Teams.

Ina

weil

Das habe ich geschafft!

Male die Pilze aus. Für jede fertige Seite einen.